LA RÉVOLTE DES FEMMES.

BALLET.

IMPRIMERIE DE E. DUVERGER,
RUE DE VERNEUIL, n° 4.

Prix : 1 fr. 50 cent.

LA RÉVOLTE
DES FEMMES,

BALLET EN TROIS ACTES,

de M. Taglioni,

MUSIQUE DE M. TH. LABARRE,

REPRÉSENTÉ, POUR LA PREMIÈRE FOIS,

SUR LE THÉATRE DE L'ACADÉMIE ROYALE DE MUSIQUE

LE 4 DÉCEMBRE 1833.

PARIS.

J.-N. BARBA, LIBRAIRE,

PALAIS-ROYAL, GRANDE COUR,

DERRIÈRE LE THÉATRE-FRANÇAIS.

Décors de MM. Cicéri, Léger, Feuchères
et Desplechin.
Costumes de M. Duponchel.

La Révolte au Sérail doit figurer au nombre des œuvres souscrites, est comme auteur, ou collaborateur, car s'il n'y a mis qu'une idée, cette idée a sauvé la pièce, et a été payée à beaux deniers comptants.

Dans ce ballet semi-féérique, un bouquet magique joue le principal rôle, à qui reporter tout pouvoir en donner. Eugénie soin au premier acte don à Zulma de cet alisman précieux qui ne tarde pas à faire des miracles. On sait qu'au 3ème acte Zulma, son armée et son amour Ismaël tombent au pouvoir de Mahomet. Nul aux répétitions n'avait remarqué que Zulma étant en possession du bouquet et pouvant par suite délivrer d'un geste ou à trouper et son armée, et Elle-même, le spectateur n'aurait aucune émotion à la voir en la puissance de Mahomet. Donc plus de crainte était sans intérêt, et que ridicule était la situation sur laquelle roulait tout le dernier acte.

Un homme de sens et d'esprit, qui assistait à la répétition générale, en fait la remarque et la communique au Directeur Véron. Grand désespoir Véron aperçoit à l'avance et la difficulté du public le censeur de la Critique : que faire ? la représentation est annoncée ; les costumes, les décorations ont couté des sommes considérables, les pas sont dessinés et appris ; faut-il perdre tant de dépenses et de peines ou désigner à produire un scenario convaincu d'absurdité ? Il n'est qu'une ressource, c'est l'esprit de Scribe, cet esprit qui comme un autre bouquet magique, fleurit toujours et pousse des fleurs à la minute. Véron court rue Olivier, conte la peine au Roi des auteurs, le supplie de lui faire en deux jours un nouveau libretto, qui lui permette d'utiliser les pas, les décorations, les costumes et dépose d'éclatement sur son bureau deux mille francs pour prime de retour de fonds d'à-compte. Scribe l'écoute, puis répond = dans 24 heures vous serez satisfait. Véron, qui se sent sauvé, lui serre les mains avec effusion et se retire.

Scribe dépose les 2000 francs en compagnie des quelques millions qu'un son inépuisable savoir a fait couler dans son coffre-fort, prend la plume et en quelques minutes ajoute au troisième acte, cette scène III où Ismaël s'introduisant la nuit au camp des femmes, dérobe à Zulma Soubouque dont il ignore la vertu merveilleuse, et au quel il n'attache d'autre prix que celui d'avoir été touché par celle qu'il aime; donc Zulma perd son pouvoir avec son talisman. Quand elle tombe au pouvoir de Mahomet, rien ne semble pouvoir la sauver. Le spectateur, qui peut craindre pour elle, s'intéresse; la position est sauvée. Le ballet peut être représenté! Il l'est; il a réussi et voilà un devenu le collaborateur de Taglioni!

A. Nourrit.

Danse.

ACTE PREMIER.

M. Perrot.

M#mes# Taglioni, Noblet, Montessu, Julia, Duvernay, Elie, Vagon.

FEMMES DU ROI.

M#mes# Aline, Bénard, Ropiquet, Danse, Peres, Marivain, Bassompierre, Lebeau, Keppler, Fitjames 2e, Guichard, Blangi, Albertine, Maisonneuve, Joséphine, Dumilâtre, Fitzjames 3e, Maria, Mélanie, Jouve, Popelin.

SUITE DU ROI.

MM. Alerme, Faucher, Isambert, Louis Petit, Cornet, Ragaine, Monnet, Begrand, Adnet, Péqueux, Vincent-Millot, Clément-Lenoir, Emile, Achille, Célarius, Kaifer, Josset, Provost, Petit.

PAGES.

Mlles Euphrasie, Julia, Athalie, Ragaine, Virginie, Baptiste, Caroline, Lechesne.

SUITE D'ISMAEL.

MM. L'Enfant, Callaut, Lefebvre, Grenier, Corali, Hazard. — Soldats.

AUTRES PAGES.

Mlles Aimée Petit, Zélie Pierson, Duménil, Angélina.

HOMMES DU PEUPLE.

MM. Grosneau, Guiffard, Goudouin, Carrey, Chatillon, Scio, Masset, Adrien, Carrez, Adolphe, Honoré, Faucher 2e.

FEMMES DU PEUPLE.

Mmes Lefebvre, Blanche, Allicy, Paulin, Clément, Hus, Blaye, Monnet, Célarius, Colson, Jomard, Chanet.

ENFANS DU PEUPLE.

MM. Alexandre, Daur, Mérante, Paul, Henri, Huguet, Hippolyte, Durand. — Mlles Elise, Victorine, Renard, Célestine, Provost, Dumilâtre, Monnet.

ACTE DEUXIÈME.

AUX BAINS.

Mmes Taglioni, Noblet, Duvernay, Vagon, Ropiquet, Danse, Marivain, Julie, Lemercier, Keppler, Fitzjames 2e, Albertine, Zélie Pierson, Guichard.

ESCLAVES.

Mmes Fitzjames 1er, Roland, Aline, Bénard, Pérès, Bassompierre, Lebeau, Blangi, Delaquit, Robin, Mori, Maisonneuve, Coupotte, Joséphine, Guerpon, Dumilâtre, Fitzjames 3e, Maria, Mélanie, Jouve, Virginie, Popelin, Euphrasie, Carrez, Caroline, Elisa, Baptiste.

ACTE TROISIÈME.

CHEF DE L'ARMÉE DES FEMMES.
Mlle Taglioni.

CHEFS SECONDAIRES.
Mlles Duvernay, Fitzjames 1er, Roland, Vagon, Brocard, Aline, Bénard, Ropiquet.

PORTE-DRAPEAU.
Mme Elie.

SOLDATS.

Mmes Pérès, Delaquit, Coupotte, Campan, Bassompierre, Fitzjames 2e, Seuriot, Julie Lemercier, Zélie Pierson, Pujol, Zoé Beaupré, Lemonnier, Robin, Angéline, Carren, Guillemin, Blangi, Joséphine, Mori, Marivain, Lebeau, Colson, Duménil, Guerpon, Danse, Aimée, Maisonneuve, Cellarius, Maria, Albertine, Keppler, Hus, Jomard, Fitzjames 3e, Athalie, Virginie, Euphrasie, Julie, Jouve, Ragaine, Leclerc, Lacroix, Lecomte, Chanet, Guichard, Blaye, Monnet, Pierson 1re.

SUITE DU GÉNIE DES FEMMES.

Mlles Constant, Étienne, Millot, Prévost, Brillant, Élise, Victorine, Renard, Célestine, Dumilâtre, Monnet. — MM. Alexandre, Daur, Merante, Paul, Henri, Huguet, Hyppolite, Durand.

Personnages.	Acteurs.
MAHOMET, roi de Grenade........	M. Montjoie.
ISMAEL, chef de l'armée............	M. Mazillier.
ZULMA, sa fiancée...................	Mlle Taglioni.
MYSSOUF, chef des eunuques......	M. Simon.
ZÉIR, page du roi...................	Mlle Pauline Leroux.
MINA, négresse, attachée à Zulma.	Mme Elie.
LE GÉNIE DES FEMMES, sous la forme d'une esclave................	Mlle Legallois.
Un iman................................	M. Desplaces.
Un esclave noir.......................	M. Quériot.

La scène est en Espagne, dans le royaume de Grenade, à l'époque de la domination des Maures.

La Révolte

AU SÉRAIL,

BALLET.

✳✳✳✳✳✳✳✳✳✳✳

ACTE PREMIER.

La Salle d'Audience.

Le théâtre représente une vaste et belle salle dans le palai de l'Alhambra, à Grenade. A gauche des spectateurs des gradins circulaires en amphithéâtre. Au fond, l'entrée principale à travers laquelle on aperçoit une partie de la Cour des Lions. Au-dessus, une galerie qui est censée conduire à une mosquée. A droite, une porte latérale fermée par une riche draperie et qui mène aux appartemens des femmes : cette porte est surmontée d'un balcon qui communique avec ces appartemens.

Scène j.

Les officiers du palais et les grands dignitaires du royaume sont assis sur les gradins circulaires qui garnissent la scène. Mahomet est sur son trône et parcourt avec intérêt une dépêche qu'on vient de lui remettre ; la joie brille dans ses yeux. Bientôt une musique bruyante se fait entendre et un guerrier entre dans la salle en armure de combat.

Scène ij.

C'est Ismaël, le chef de l'armée, le plus brave des enfans de Grenade, le sauveur de sa patrie. Il a vaincu les Castillans, les éternels ennemis des Maures, et revient triomphant, suivi d'un cortége nombreux, déposer aux pieds de son maître les étendards et les trophées conquis sur les chrétiens. A son entrée le roi s'est levé et toute la cour a imité son exemple. Mahomet descend de son trône, s'approche avec empressement du vainqueur et lui témoigne hautement l'admiration et la reconnaissance que ses exploits lui inspirent. Après avoir fait au roi le récit de sa victoire, Ismaël veut se retirer ; il a laissé à Grenade, avant son départ pour l'armée, une jeune fille qu'il adore et à laquelle il a promis de s'unir ; il demande à son maître la permission d'aller revoir sa fiancée qui sans doute n'est pas moins impatiente que lui de le serrer dans ses bras. Mahomet l'invite à rester encore quelques instans au palais, pour assister à la fête qu'on a préparée pour lui; Ismaël est forcé d'obéir, et le roi, après l'avoir fait placer à ses côtés, sur son trône, ordonne que la fête commence.

Scène iij.

La draperie qui ferme l'entrée de l'appartement des femmes se relève aussitôt et une foule de jeunes et belles esclaves entrent en dansant et défilent devant le roi. Mahomet cherche des yeux Zulma, son esclave favorite, et témoigne à Zéir, un de ses pages, sa surprise et son mécontentement de ne pas la voir parmi les danseuses.

Zulma, répond Zéir, est en butte à un chagrin secret qui la domine ; on a craint que sa tristesse ne troublât un jour consacré aux plaisirs. Aussi n'a-t-on pas cru devoir la laisser figurer à la fête. — Je veux qu'elle y paraisse, s'écrie le roi ; elle en sera le plus bel ornement ; qu'on l'amène à l'instant même. — Le page transmet cet ordre à Myssouf, le chef des eunuques, qui se hâte d'obéir.

Scène iv.

Zulma entre d'un air triste et abattu, conduite par Mina, sa négresse fidèle, qui la tient par la main. Elle pense à son amant, à son cher Ismaël, dont elle est sans doute séparée pour jamais et se dirige lentement et les regards baissés vers le trône... Tout à coup elle lève les yeux et aperçoit Ismaël, qui est frappé de stupeur et d'effroi en reconnaissant sa maîtresse, sa fiancée, dans l'esclave favorite du roi ; elle qui occupe toutes ses pensées, elle, qui possède tout son amour, dans le harem de Mahomet !... Zulma le regarde avec tendresse et ses yeux semblent lui dire : Je ne suis pas coupable. Ismaël furieux, s'élance vers elle ; il veut l'accabler de reproches... Zulma brûle de se justifier aux yeux de son amant... Mais Mina, qui veille à leur sûreté, leur recommande la prudence par ses signes, et parvient heureusement à les empêcher de se trahir. Mahomet est fier de l'admiration que Zulma semble inspirer à Ismaël; il détaille devant lui tous les charmes de sa favorite et lui demande en souriant si sa maîtresse est aussi belle. Ismaël garde le silence; il est au désespoir. Le roi ordonne à Zulma de danser, et la jeune fille, qui tout à l'heure semblait triste et abattue, se ranime en présence de son amant et fait tous ses efforts pour captiver les suffrages de la cour. Divertissement. Bientôt des pages apportent un coussin, sur lequel Ismaël s'agenouille; Zulma, sur un signe du roi, s'avance vers le guerrier, lui ôte l'aigrette fixée à son turban et la remplace par une autre aigrette en diamant. Pendant ce temps-là, Mina se penche adroitement à l'oreille d'Ismaël et lui donne un rendez-vous de la part de Zulma. Ismaël a tressailli... Il veut répondre... Mais la prudente négresse met un doigt sur sa bouche et lui impose silence. Tout cela a lieu pendant la danse qui, un moment interrompue par la cérémonie, reprend bientôt avec une nouvelle ardeur. La danse terminée, le roi fait apporter un sabre magnifique qu'il offre en présent à Ismaël; mais le guerrier préfère le sien; c'est avec lui qu'il a vaincu, c'est avec lui qu'il veut continuer à vaincre; le roi lui offre aussi deux de ses plus jolies esclaves. Il les refuse de même, en jetant sur Zulma un regard où se peint encore, malgré sa colère, tout l'amour qu'elle lui inspire. — Que puis-je donc faire pour toi, s'écrie Mahomet? Parle, et je jure par notre saint Prophète de t'accorder ce que tu me demanderas. — A ces mots, Ismaël semble frappé d'une inspiration soudaine; il montre avec compassion les femmes du harem et supplie le roi de briser leurs fers et de les rendre à la liberté. C'est pour Zulma qu'il ose faire cette demande, pour Zulma qu'il brûle de délivrer de l'esclavage et à laquelle pourtant il ne veut pas paraître s'intéresser plus qu'aux autres, de peur de l'exposer à la vengeance du monarque jaloux. Le roi semble surpris de l'audace d'Ismaël et refuse d'abord de le satisfaire. Ses femmes l'implorent, mais en vain; il ordonne à Myssouf de les faire toutes rentrer dans leur appartement et Myssouf les emmène aussitôt. Ismaël, irrité du refus qu'il vient d'essuyer, s'apprête à sortir... Le roi l'arrête et cherche à le calmer ; tout à coup ses regards tombent sur les trophées qui l'entourent ; cette vue lui rappelle les hauts faits d'Ismaël, les services qu'il a rendus à son pays, ceux qu'il peut lui rendre encore, et, pour ne pas mécontenter son plus habile général, il consent enfin à lui accorder ce qu'il demande, la liberté des femmes. Il prend un parchemin, le revêt de son sceau royal et le remet à Ismaël qui, transporté de joie, va faire sur-le-champ proclamer dans Grenade la générosité de son souverain. Mahomet rappelle au vainqueur qu'ils doivent bientôt aller ensemble à la grande mosquée pour rendre graces à Dieu de leurs victoires ; Ismaël promet de revenir promptement au palais et sort accompagné de toute la cour.

Scène v.

Le roi, resté seul, fait appeler Zulma ; il a pu consentir à se séparer de toutes ses femmes... mais de Zulma, de sa favorite, jamais ! Il l'aime avec idolâtrie, et son amour est irrité par les rigueurs de la jeune esclave, qui a toujours repoussé avec dédain les caresses de son maître ; il veut tout tenter pour la fléchir. Zulma accourt avec empressement, croyant encore trouver Ismaël près du roi, mais elle semble effrayée et chagrine en se voyant seule avec son maître. Mahomet l'accueille avec tendresse et la rassure. Il lui apprend qu'il a résolu de répudier toutes ses femmes, à l'exception d'une seule qui possède son cœur, et que cette femme, c'est elle. Elle ne sera plus esclave; il l'épousera, il lui fera partager sa puissance, ses richesses, son trône, si elle consent enfin à répondre à son amour... Un seul mot de tendresse, et elle sera reine de Grenade! A ces brillantes propositions, Zulma reste insensible et froide. Elle dit au roi qu'elle ne l'aime pas, se rit de sa passion malheureuse et lui jure qu'il n'obtiendra jamais rien d'elle que par la violence. Mahomet s'emporte et la menace. Zulma, loin de chercher à l'apaiser, et pour lui ôter tout espoir, lui apprend qu'un autre a su lui plaire, et que ni prières ni menaces ne parviendront à l'effacer de son cœur.—Un rival, s'écrie le roi, et un rival heureux qu'elle ose avouer, dont elle se vante avec orgueil devant moi!... c'en est trop.—Sa colère ne connaît plus de bornes... il fait signe à un eunuque noir d'approcher, et lui ordonne de punir à l'instant même l'insolente témérité de son esclave. Zulma, calme et sans effroi, s'agenouille, croise les bras sur sa poitrine et baisse la tête pour recevoir le coup mortel... En ce moment entre Zéir.

Scène vj.

Zéir annonce au roi qu'Ismaël, suivi de la cour et de tout le peuple de Grenade, vient le chercher pour se rendre à la mosquée. Mahomet fait signe à Zulma de se relever; il ne veut pas la punir dans un pareil moment. — D'ailleurs, lui dit-il, je te réserve un autre châtiment que tu connaîtras ce soir et que tu ne recevras peut-être pas avec autant de résignation. — Zulma écoute avec indifférence les menaces du roi, et, sur son ordre, rentre bientôt dans son appartement.

Scène vij.

Ismaël revient à la tête d'un brillant cortége. Le peuple le suit et veut pénétrer dans le palais; des gardes lui barrent le passage. Le roi ordonne qu'on laisse entrer tout le monde, et hommes, femmes et enfans se précipitent au même instant pêle-mêle dans la salle. Tableau bruyant et animé de la joie populaire, interrompue par les accords d'une musique religieuse et grave. Les alfaquis et les imans s'avancent lentement le long de la galerie supérieure et descendent pour inviter Mahomet et Ismaël à se rendre à la grande mosquée. Bientôt le cortége se met en marche. En tête sont les imans qui portent l'Alcoran sur un coussin enrichi de pierreries. Suivent le roi et le vainqueur, puis les grands dignitaires, officiers et employés du palais, chacun selon le rang qu'il occupe. Le peuple se presse sur le passage d'Ismaël et garnit le fond. Une partie des femmes du roi dansent autour du cortége; d'autres jettent des fleurs du haut du balcon qui est au-dessus de leur appartement; les bannières s'agitent, les parfums brûlent de tous côtés. Mahomet conduit Ismaël jusqu'à la *Cour des Lions*, où l'on aperçoit un éléphant richement caparaçonné destiné au vainqueur. On y porte Ismaël en triomphe aux acclamations du peuple. Départ pour la grande mosquée.

FIN DU PREMIER ACTE.

ACTE DEUXIÈME.

Les Bains.

Le théâtre représente une salle de bains d'une grande richesse. Au milieu, et sous un kiosque entouré de colonnes légères, est une large baignoire en marbre blanc, de forme circulaire, pouvant contenir douze baigneuses. Deux portes latérales : l'une à droite des spectateurs et qui conduit à l'appartement des femmes ; l'autre à gauche et qui communique avec l'intérieur du palais. Au fond, une porte secrète. Derrière le kiosque, une draperie d'or qui ferme l'appartement.

Scène i.

Zulma et ses compagnes sont aux bains et s'amusent à folâtrer dans l'eau ; des esclaves brûlent des parfums, d'autres préparent les vêtemens. Zulma sort la première du bain ; on l'entoure d'une gaze légère et elle fait sa toilette à l'abri de ce rempart transparent. Bientôt ses compagnes suivent son exemple et s'habillent de même. Dès qu'elle est parée, chaque baigneuse vient se mêler aux danses qui animent la scène et se livre avec abandon à tous les essais capricieux de la coquetterie. Les unes admirent leur beauté dans des glaces mobiles; les autres, par leurs poses variées forment de gracieux tableaux au milieu desquels brille surtout la jolie Zulma; enfin rien ne leur manque plus pour séduire; leur toilette est achevée.

Scène ij.

Entre Myssouf suivi de quelques femmes esclaves qui portent des corbeilles de fruits et des plateaux chargés de glaces et de sorbets. Il invite les femmes du roi à venir prendre la collation qu'on leur a préparée, et toutes sortent par la droite à l'exception de Zulma qui, malgré les instances de ses compagnes, refuse de les suivre; elle veut être seule pour penser à Ismaël. En ce moment, une des esclaves de la suite de Myssouf, qui est restée en arrière et un peu loin des autres, feint de chanceler et laisse tomber à terre un vase précieux qu'elle portait. A ce bruit, Myssouf se retourne; il voit les débris du vase, et, furieux, lève la main sur l'esclave pour la punir de sa maladresse. Zulma, touchée de compassion, s'élance vers Myssouf et lui arrête le bras. — C'est moi, s'écrie-t-elle, qui ai heurté cette femme; c'est moi qui suis cause de la perte de ce vase et qui seule dois être punie... Frappe donc, si tu l'oses!... — Myssouf ne dit plus rien; il s'incline avec respect devant la favorite de son maître et s'approche de la porte de droite pour voir si les esclaves ont terminé leur service. Pendant ce temps, la pauvre femme que Zulma vient d'excuser si généreusement se jette à ses pieds avec reconnaissance et lui remet un bouquet de fleurs à demi fanées qu'elle ramasse à terre parmi les débris du vase. — Je n'ai que ce présent à t'offrir, dit-elle à Zulma, mais ne le dédaigne pas; aux jours du danger, il pourra te rendre ce que tu as fait pour moi; il pourra te protéger. — Zulma regarde avec surprise le singulier présent qui lui est offert par l'esclave; son bouquet n'est pas beau, mais pour ne pas l'affliger, elle l'accepte et le met à son côté sans paraître y attacher la moindre importance. Les femmes de service reviennent, et Myssouf sort avec elles par la gauche.

Scène iij.

Dès qu'elle est seule, Zulma tire avec précaution un portrait de son sein... C'est celui d'Ismaël. Elle le regarde, elle le baise avec transport et soupire en songeant qu'elle n'est plus libre de voir son amant, de lui parler, de lui témoigner sa tendresse comme autrefois. Viendra-t-il au rendez-vous qu'elle lui a fait donner par sa négresse? Elle n'ose l'espérer; sans doute il l'accuse, il la méprise maintenant, peut-être il va la fuir pour jamais... En ce moment, la porte secrète s'ouvre mystérieusement et l'on voit paraître Ismaël introduit par la fidèle Mina.

Scène iv.

La négresse s'approche doucement de Zulma qui contemple toujours le portrait d'Ismaël; elle lui frappe légèrement sur l'épaule... Zulma fait un mouvement d'effroi et veut cacher le portrait; mais elle se rassure bientôt en reconnaissant Mina qui lui montre son amant immobile sur le seuil de la porte. Zulma pousse un cri de joie et se précipite dans les bras d'Ismaël; mais il la repousse d'un air sévère et semble lui demander si elle est encore digne de lui. — Tiens, dit-elle, en lui montrant son portrait, voilà ma réponse; il a toujours été sur mon cœur ou sur mes lèvres. — Mais comment es-tu ici? Parle, explique-toi; ne me cache rien. — Tu vas tout savoir, répond Zulma. Alors elle raconte à Ismaël qu'après son départ pour l'armée elle pleura beaucoup. Désespérée de ne pas recevoir de ses nouvelles, elle allait souvent sur la route épier son retour... Un jour le roi de Grenade la rencontra; il parut frappé de sa beauté et lui proposa de l'élever au rang de sa favorite. Elle refusa et voulut fuir; mais des gardes la saisirent et l'entraînèrent de force dans le harem, où depuis elle vit dans les larmes, obsédée sans cesse par l'amour de Mahomet auquel, jusqu'à présent, elle a eu le courage de résister. Mina confirme, par ses sermens, la vérité du récit que vient de faire Zulma. — Elle ne vous dit pas encore tout, ajoute la négresse; ce matin, le roi lui a offert la moitié de son trône avec le titre d'épouse; elle a refusé, et Mahomet, irrité, a voulu la faire périr pour se venger de ses dédains. — Ismaël est furieux; il veut aller punir le roi de cette lâcheté, mais Zulma l'arrête et l'engage à profiter des courts instans qu'ils ont à passer ensemble.— Hélas! lui dit-elle, je ne pourrai peut-être plus te revoir, car je suis captive et sévèrement gardée. — Ismaël la rassure et lui apprend qu'elle sera bientôt libre; le roi ayant consenti, à sa prière, à rendre la liberté à toutes ses femmes. Des sons de trompe se font entendre dans le lointain. — C'est sans doute, s'écrie Ismaël, l'édit royal qu'on proclame dans Grenade... Tiens, lis, si tu doutes encore de ton bonheur! Et il lui remet le parchemin qu'il a reçu le matin même des mains du monarque. Zulma est transportée de joie. Tout à coup accourt Mina, qui s'était mise aux aguets pour veiller sur les deux amans. — Fuyez, dit-elle à Ismaël, fuyez, ou vous êtes perdu! — Et elle l'entraîne précipitamment par l'issue secrète qui leur a servi d'entrée.

Scène v.

Arrivent toutes les femmes du roi, curieuses de connaître la cause du bruit qu'elles viennent d'entendre. Bientôt Myssouf, Zéir et quelques officiers du palais entrent dans leur appartement, et l'un d'eux déroule devant elles un large parchemin sur lequel on lit ces mots : *A la demande du vaillant Ismaël, le Roi rend la liberté à toutes ses femmes... Zulma seule restera captive.*

Effroi de Zulma. Elle compare ce parchemin avec celui qu'elle a reçu d'Ismaël... Ils ne sont point pareils. Sans doute Mahomet a voulu se venger, et c'est là le châtiment cruel dont il la menaçait ce matin. Son désespoir. — Partez, dit-elle à ses compagnes, soyez libres; c'est à moi seule d'être malheureuse, et je tâcherai de supporter mon sort avec courage. — Non! non! s'écrient généreusement toutes les femmes, notre destin doit être le même; avec toi la liberté ou avec toi l'esclavage ! Zulma les remercie avec émotion de leur noble dévouement. Pendant ce temps-là Zéir est sorti pour aller rendre compte de cet événement au roi de Grenade et prendre ses ordres; on attend son retour avec anxiété... Le voici !.. le roi le suit.

Scène vj.

Mahomet regarde en souriant ses esclaves rebelles. Vous ne voulez donc pas, leur dit-il, profiter de la liberté que je vous accorde? Croyez-moi, partez et n'exigez pas que Zulma vous suive, car vous n'obtiendrez jamais de moi un pareil sacrifice. Pour toute réponse, les femmes se groupent autour de Zulma et jurent de ne pas la quitter. — Eh bien! s'écrie le roi, vous serez satisfaites; vous resterez toutes esclaves avec elle; votre refus me dégage de ma promesse envers Ismaël. Et il fait aussitôt déchirer l'édit; puis il sort suivi de Myssouf, de Zéir et des eunuques.

Scène vij.

Toutes les femmes sont consternées; Zulma seule ne se laisse pas abattre. — On nous refuse la liberté, s'écrie-t-elle avec indignation; eh bien! il faut la conquérir! — Comment? — Les armes à la main! — Mais que peuvent de faibles femmes? — On peut tout avec du courage! — Et qui nous donnera les moyens de nous armer? — Le Ciel! Aussitôt les jeunes captives se prosternent et prient. En se mettant à genoux, Zulma laisse tomber le bouquet que lui a donné l'esclave et qu'elle portait à sa ceinture. Elle le ramasse... mais à peine le tient-elle à la main, que ces fleurs, de fanées qu'elles étaient, redeviennent tout à coup fraîches et brillantes. Étonnée de ce prodige, elle montre à ses compagnes le bouquet miraculeux qu'elle agite avec joie... Au même instant la boiserie de l'appartement s'ouvre de chaque côté, et il en sort des faisceaux de lances. — Vous le voyez, s'écrie Zulma, le ciel nous protége... Aux armes ! et elle leur donne l'exemple. En un clin-d'œil toutes les femmes sont armées. Elles agitent leurs lances d'un air menaçant et expriment dans une danse guerrière l'ardeur belliqueuse qui les anime. Attiré par le bruit, Myssouf accourt et reste stupéfait du spectacle qui frappe ses yeux. Il s'enfuit tout effrayé pour aller chercher du secours. Mais Zulma l'a vu ; et lorsqu'il revient avec le chef des gardes, Zéir et des soldats pour désarmer les femmes, elle agite son bouquet, les lances se changent en lyres, et à la danse guerrière a succédé soudain une danse gracieuse.

Scène viij.

A la vue des lyres, le page se moque de Myssouf et de ses craintes et se retire bientôt suivi du chef des gardes et des soldats. Myssouf, qui est resté avec les femmes, ne peut en croire ses yeux; tout à l'heure elles avaient des lances; comment ont-elles des lyres à présent? Il n'y conçoit rien. Cependant il se rassure peu à peu et regarde avec complaisance les danses voluptueuses qui continuent... lorsque, tout à coup, à un signal de Zulma, les femmes se précipitent sur lui, l'enchaînent avec leurs écharpes et l'attachent à une des colonnes qui entourent le kiosque. Aussitôt elles abandonnent leurs lyres; les faisceaux reparaissent et elles s'arment de nouveau. Zulma fixe au bout de sa lance le bouquet dont elle connaît maintenant le pouvoir magique; elle l'assujétit avec son écharpe dont les plis flottent au gré du vent comme un étendard. Pendant ce temps, les femmes ont relevé la draperie du fond et l'on voit alors une grille d'or qui entoure la scène et à travers laquelle on aperçoit les eaux du Xénil, qui baignent les murs du palais. Zulma, à la tête de ses compagnes, se dirige vers la grille d'or; elle la touche du bout de sa lance, et la grille s'ouvre aussitôt devant elle. En ce moment, des femmes du peuple qui passent sur le rivage s'arrêtent à la vue des femmes du harem. — Venez, leur crie

Zulma, venez vous joindre à nous! C'est la cause des femmes que nous défendons, c'est la vôtre! Il est temps de vous affranchir du despotisme des hommes. Les femmes du peuple accueillent ces paroles avec enthousiasme. Elles courent s'emparer des barques nombreuses amarrées sur les bords du fleuve. Il n'y a pas un moment à perdre, car plusieurs hommes du port, témoins de ce qui se passe, sont allés donner l'alarme au palais. Zulma, ses compagnes et leurs nouvelles alliées se précipitent vers les barques et s'apprêtent à y monter.... En cet instant, le roi, suivi d'Ismaël et de toute sa cour, entre brusquement dans le harem. Il voit ses femmes qui fuient; il veut se précipiter vers elles; mais au moment où il s'élance, la grille d'or se referme soudain, et l'arrête ainsi que ses gardes. Il regarde avec rage les barques s'éloigner et disparaître, tandis qu'Ismaël, sur le devant de la scène, exprime la joie secrète qu'il éprouve, en voyant sa maîtresse à l'abri des poursuites de Mahomet.

Le roi et sa cour, groupés près de la grille d'or dans l'intérieur du harem, les hommes du peuple en dehors sur le rivage, et les barques chargées de femmes qui sillonnent les eaux du Xénil, forment un tableau animé qui termine le second acte.

ACTE TROISIÈME.

Le Camp.

Le théâtre représente un site sauvage et pittoresque dans les Alpuxares. Au fond, une chaîne de montagnes escarpées qui s'étendent jusqu'à l'horizon, et sur lesquelles, de distance en distance, brillent des feux de bivouac. A droite et à gauche, des palissades qui semblent avoir été élevées à la hâte.

Scène j.

Les femmes du peuple, qui ont accompagné les femmes du harem et qui portent un uniforme particulier, achèvent de construire les palissades qui défendent le camp retranché. Deux d'entre elles montent la garde auprès des fusils en faisceaux; d'autres sont placées en sentinelles sur divers points; la lune éclaire cette scène. Tout à coup une marche guerrière se fait entendre; les femmes du peuple saisissent leurs armes. Le bruit se rapproche par degré, et bientôt des détachemens de femmes armées de fusils débouchent de toutes parts. Chaque chef s'avance pour donner à voix basse le mot d'ordre, puis tous les pelotons se rejoignent et se mettent horizontalement en bataille sur la droite.

Scène ij.

Entre le général en chef, Zulma, suivie de son état-major féminin qui s'arrête au fond. Zulma s'avance seule au milieu du camp, et toute l'armée lui rend les honneurs militaires; elle fait ouvrir les rangs, passe devant le front de ses troupes, redresse quelques défauts de tenue et de port d'armes; puis, son inspection finie, elle donne un signal et toutes les guerrières mettent leurs armes en faisceaux. L'heure du repos est arrivée. Elles étendent à terre des nattes, des manteaux, des châles, des écharpes qui vont leur servir de lits de camp. On veut construire une tente pour Zulma, mais elle refuse; elle ne doit pas être mieux traitée que les autres et elle se couche à côté de Mina, sa négresse. Pendant ce temps, les sentinelles qu'on relève avec toutes les formalités d'usage et les rondes qui partent pour veiller à la sûreté de l'armée varient et animent la scène; le calme a succédé au bruit; le silence règne dans le camp; tout le monde est endormi....

Scène iij.

Un homme enveloppé d'un manteau se glisse le long des rochers et pénètre furtivement dans le camp; il s'approche sans bruit des dormeuses, les regarde toutes l'une après l'autre et fait un mouvement de joie lorsqu'il arrive près de Zulma. C'est elle qu'il cherchait.... Mais il s'arrête, il hésite; amant respectueux, il voudrait et n'ose l'éveiller.... Tout à coup il aperçoit le précieux bouquet que Zulma porte toujours à sa ceinture. Il se penche doucement vers sa maîtresse, s'empare avec transport de ces fleurs qu'elle a touchées, les couvre de baisers et les cache soigneusement dans son sein. Ce mouvement a réveillé Zulma; elle ouvre les yeux, voit un homme près d'elle, saisit vivement ses armes et se met en défense... Mais l'inconnu a jeté son manteau... C'est Ismaël qui lui recommande le silence. Il vient l'avertir des dangers qui la menacent; le roi est furieux; il a rassemblé des troupes; il s'avance avec son armée et s'apprête à punir les femmes de leur révolte. — Viens, ajoute Ismaël, fuis avec moi; je serai ton guide, ton défenseur; profitons de la nuit et du sommeil de tes compagnes. — Moi les abandonner! s'écrie Zulma, quand c'est moi qui les ai excitées à la révolte, quand c'est pour moi qu'elles ont pris les armes!.. Jamais! ce serait une lâcheté, une trahison! j'ai reçu leurs sermens; elles ont reçu les miens et je ne les violerai pas. — Ismaël redouble d'instances, de prières, d'amour... Il menace de s'éloigner pour jamais si sa maîtresse ne consent pas à le suivre.... Zulma éperdue, hors d'elle-même, l'arrête et l'implore à son tour. Profitant de l'avantage qu'il vient de reprendre, Ismaël conduit la jeune fille près d'un tronc d'arbre où il la fait asseoir. Il se met à ses genoux, lui enlève doucement son casque et ses armes, et semble lui dire par ses tendres regards : — Que tu es belle maintenant! Zulma n'a opposé qu'une faible résistance aux efforts de son amant; bientôt même elle l'enlace de ses bras amoureux, elle oublie tout; elle se laisse entraîner, et est déjà prête à franchir les limites du camp... lorsque soudain le clairon retentit... A ce bruit la guerrière se ranime et se rappelle ses devoirs. Elle s'échappe des bras de son amant, reprend ses armes et réveille ses compagnes. A la faveur de ce tumulte, Ismaël que Zulma confie aux soins de Mina, s'éloigne rapidement du camp, en jetant sur sa maîtresse un dernier regard de regret et d'amour.

Scène iv.

Il fait jour. Un détachement de femmes paraît sur la montagne, et l'une d'elles vient annoncer qu'un parlementaire demande à être introduit. Zulma ordonne qu'il soit amené devant elle. C'est Zéir, le page du roi. Il arrive avec un bandeau sur les yeux; on le lui ôte et on l'invite à s'expliquer sur l'objet de sa mission. — Je viens, dit le page, de la part du roi de Grenade qui vous engage à vous soumettre... — Nous soumettre! jamais! — Pas d'emportement; écoutez-moi. Ce n'est pas l'esclavage que Mahomet vous propose, c'est la paix. Il ne veut pas faire couler un sang qui lui est cher; rien ne lui coûtera pour rétablir la bonne harmonie entre les deux sexes, et suivi de toute sa cour il demande à venir régler avec vous les conditions de cette paix qu'il vous offre. — En disant ces mots, Zéïr tire de son sein une branche d'olivier qu'il présente à Zulma en signe d'alliance; grande joie dans l'armée féminine. Le général assemble ses lieutenans, les fait former en cercle comme pour un conseil de guerre et délibère avec eux sur la demande du roi ; il est décidé que Mahomet et sa suite seront admis dans le camp; mais pour prendre en même temps toutes les précautions dictées par la prudence, on exige qu'ils y viennent sans armes. Le page répond que son maître se soumettra à tout ce que les femmes voudront et qu'il va sur-le-champ lui faire part de la condition imposée par elles. Il se retire suivi d'un détachement chargé de le reconduire aux avant-postes et de veiller au désarmement des hommes. Aussitôt Zulma fait ranger son armée en bataille, lui donne ses instructions et ses derniers ordres, puis, à la tête de ses troupes, s'apprête à recevoir le roi.

Scène v.

Une fanfare bruyante annonce l'arrivée de Mahomet. Il paraît accompagné d'Ismaël, de Myssouf, de Zéir et de toute sa cour. Les hommes portent à la main des branches d'olivier. Ils défilent sans armes et s'inclinent devant les femmes en signe de soumission. Zulma les invite à se relever ; puis s'avançant avec son état-major vers le roi qui est entouré de ses généraux, elle lui dicte les conditions de paix. — D'abord on supprimera les eunuques, ces gardiens importuns inventés pour le tourment des femmes. Mahomet regarde Myssouf qui tremble d'effroi et de colère ; il sourit de l'indignation du chef des eunuques, et semble souscrire de bonne grâce à cette première condition. — Toutes les femmes seront libres, ajoute Zulma ; elles pourront donner leur cœur à l'amant qui saura leur plaire. — J'y consens, répond le roi. — Et moi j'épouserai celui que j'aime. — Quel est-il ? — Zulma montre Ismaël qui s'approche aussitôt et se jette aux pieds de son maître. Mahomet est furieux, mais il cherche à se contenir ; il cache sa jalousie aux deux amans et paraît approuver leur union. — Maintenant, dit-il à Zulma, pour cimenter la paix qui vient d'être rétablie entre nous, permettez-moi de vous offrir ces présens... Et il fait un signe à Zéir qui s'avance suivie de plusieurs esclaves portant des étoffes précieuses et des coffrets remplis de bijoux et de pierreries. A la vue de ces brillantes parures qu'on étale complaisamment à leurs yeux, les guerrières font un mouvement de surprise et de joie. La défiance fait place à la coquetterie; elles rompent les rangs, abandonnent leurs armes et courent à l'envi admirer les présens du roi. Les unes s'emparent de riches tissus qu'elles drapent avec grace autour d'elles; d'autres préfèrent les colliers, les bracelets, et s'empressent de choisir ceux qui leur plaisent le mieux... c'est à qui sera la plus belle... c'est à qui, par son éclat, pourra effacer sa rivale. Pendant cette assaut de coquetterie, les gardes du roi se glissent furtivement derrière les femmes et s'emparent avec adresse de leurs armes. Mina qui s'aperçoit de la trahison, s'élance pour en prévenir Zulma... mais il est trop tard... Mahomet fait un signe... ses gardes se précipitent sur les rebelles désarmées, les entourent et les arrêtent. Ismaël veut les secourir, mais en vain...

Sur l'ordre du roi il est arrêté lui-même. Zulma frémit en voyant le danger qui menace son amant... Elle a tiré son sabre... elle a porté vivement la main à sa ceinture pour y chercher son bouquet magique. O douleur! le bouquet a disparu! Tout à coup son courage l'abandonne, et son arme lui échappe des mains. Mahomet s'approche d'elle... — Renonce à lui, s'écrie-t-il, en montrant Ismaël; jure de n'appartenir qu'à moi seul ou il va périr à l'instant même. Zulma hésite... elle regarde Ismaël qui semble lui dire : Je préfère la mort... et, un moment, elle a le courage de résister à l'ordre de Mahomet... mais quand elle voit son amant qu'on entraîne, son amant qui va périr, elle se jette aux pieds du roi, et jure de se soumettre à ses volontés. Ismaël est indigné de la faiblesse de Zulma. Il tire aussitôt de son sein le bouquet qu'il lui avait dérobé, le froisse dans ses mains avec colère et le jette aux pieds de sa parjure maîtresse. A la vue de son précieux talisman, Zulma pousse un cri de joie... Elle s'élance, le ramasse vivement et l'agite d'un air triomphant. A peine a-t-elle fait ce mouvement, qu'un violent coup de tonnerre se fait entendre. Les hommes sont effrayés et se séparent de leurs prisonnières qui se retirent à gauche et se prosternent pour implorer le ciel. Le roi veut réprimander ses gardes; mais le tonnerre gronde de nouveau et le jour fait place à l'obscurité la plus complète.

Le théâtre change et représente les superbes jardins du Généralif, tels qu'ils étaient à cette époque. Au fond, debout, sur une terrasse, apparaît le génie des femmes, entouré de sa brillante cour. Une lumière éblouissante éclaire ce tableau.

Scène vj.

Le génie s'avance au milieu de la foule prosternée et s'approche de Zulma qui est saisie d'étonnement et de joie, en reconnaissant en lui l'esclave qui lui a fait cadeau de son bouquet magique. Il ordonne au roi de consentir à l'union de Zulma et d'Ismaël, lui défend d'opprimer à l'avenir les femmes qu'il protége, et leur fait aussitôt rendre leurs armes par les hommes. — Prouvez-leur, dit-il aux guerrières, que vous savez vous en servir aussi bien qu'eux; et toi, roi de Grenade, ne crains plus tes ennemis, car désormais tu auras deux armées au lieu d'une. Le génie monte avec Mahomet, Ismaël et toute la cour, sur la terrasse du fond qui domine la scène, et Zulma se met à la tête de son armée qui occupe tout le milieu du théâtre. — Maniement d'armes, suivi d'évolutions exécutées par les femmes, et terminées par un tableau final.

FIN DU TROISIÈME ET DERNIER ACTE.

www.ingramcontent.com/pod-product-compliance
Lightning Source LLC
Chambersburg PA
CBHW060503050426
42451CB00009B/791